ㄱㄴㄷㄹㅁ

ㄱㄴㄷㄹㅁ

이광호 다섯 번째 시조집

문학 춘하추동

| 다섯 번째 시조집을 내면서 |

한글은 모양이 없는 걸까?

    있다는 말에 대한 없다는 이 말은 없을 무 영을 이르는 걸까? 있다는 낱말 받침 쌍시옷은 쌀의 쌍시옷처럼 두 사람 이상을 뜻한다면, 없다는 비읍 시옷은 한 사람 즉 쌍시옷의 절반이란 뜻이니 영은 아니질 않는가?

    어느새 이런 말을 혼자 두런거리고 보니 언뜻 한글 모양과 뜻을 풀어 보여주고 있는 경우라 할 수 있지 않을까? 평생을 한 작은 농사꾼으로 살아오면서 한글은 농사일과 깊이 연관되어 있다는 생각을 하게 되었고 비록 모든 이들이 아니라 하여도 이제는 나이 들어가는 노년을 향해 갈수록 비록 작고 좁은 제 마음속에서나마 도저히 바뀔 수 없을 만큼 큰 확신을 갖게 되었습니다.

    우리 민족은 본래 중앙아시아의 유목민이었다가 한반도에 들어와서는 농경 생활을 하게 되었다고 합니다.

곰할매 전설만 하더라도 곰은 기역 오미음이니 땅을 파는 도구를 닮은 기역으로 씨앗 뿌린 오모음 올라와 미음먹다 자음으로 농사지어서 먹고살았다. 라고 풀어볼 수 있지 않을까요? 그리고 환웅의 웅은 곰웅인데 웅은 우이응으로 비우 즉 빗물 고인 웅덩이를 말함이 아닐는지요? 농사 특히 벼농사를 지으려면 물 고인 웅덩이가 필수 요건이니 말입니다.

얕은 지식으로 너무 아는 체 할 수는 없겠지만 한글이 꼭 입안에서 모양 지워졌다는 학설은 한 번쯤 재고되어야 한다고 생각합니다. 한평생을 한 작은 농사꾼으로 살아오는 동안 스스로 읽어낸 한글 모양을 소재로 지은 또 한 권의 시조집을 부족하나마 소릿글 세상에 감히 내어 놓습니다.

이 책이 나오도록 물심양면으로 애써주신 고현숙 문학춘하추동 대표님께 깊이 감사드립니다.

2024년 8월 어느 몹시 더운 날
이광호

| 차례 |

다섯 번째 시조집을 내면서 ················ 04

- 1부 ㄱㄴㄷㄹㅁ -

기역(ㄱ)················ 12
니은(ㄴ)················ 14
디귿(ㄷ)················ 16
리을(ㄹ)················ 18
미음(ㅁ)················ 20
비읍(ㅂ)················ 22
시옷(ㅅ)················ 24
이응(ㅇ)················ 26
지읒(ㅈ)················ 28
치읓(ㅊ)················ 30
키읔(ㅋ)················ 32
티읕(ㅌ)················ 34
피읖(ㅍ)················ 36
히읗(ㅎ)················ 38

- 2부 질문과 답변 -

흔쾌히 함께 한다면 ················ 42
곰과 웅 ················ 43
서울 떠난 아리랑 ················ 44
돌 ················ 45
어떤 색깔론 ················ 46
달생애 키우며 살다 ················ 47
살수록 와닿는 말씀 ················ 48
ㄱㄴㄷㄹㅁ ················ 49

더하기 덜기 ···································· 50
질문과 답변 ···································· 51

- 3부 한글과 농사일 함께 -

새벽 ··· 54
잘 ··· 55
하루 ··· 56
닿다와 다다르다 ······························ 57
한글과 농사일 함께 ··························· 58
속 ··· 59
랑 ··· 60
낱말 지평선 ···································· 61
사람도 전답 같아서 ··························· 62
반 듯 필 피리을은 ···························· 63
살면서 다 흘려버린 ··························· 64
믿음 ··· 65
수염 ··· 66
여행 ··· 67
하다 ··· 68
늦은 밤 글움을 터서 ························· 69
하하하 웃고 지난 ····························· 70
비밀 ··· 71

- 4부 지을 작 작은 것이 소중하고 위대하다 -

하늘천 치읓자음 ······························ 74
가을 ··· 75
매미울음 ·· 76

달처럼 퉁퉁 부른 젖 ·············· 77
오히려 옥이 둘이면 ·············· 78
쾌청한 한창 젊은 날 ·············· 79
돌과 도르래 ·············· 80
당신 참 부를수록 ·············· 81
비읍오 까스락 없앤 ·············· 82
여유란 ·············· 83
말이란 언중유골 ·············· 84
읽글자 일기역이니 ·············· 85
빚 ·············· 86
궂은날 좋은 날은 ·············· 87
인구도 눈썹 초승달 ·············· 88
마지막 목관 속 홀로 ·············· 89
여피읖 밀어 올리는 ·············· 90
입술 새참 술 한잔 ·············· 91
아무도 짓지 않는다 ·············· 92
짐 ·············· 93
우월은 달월이라 ·············· 94
먼-옛날 유목민 시절 ·············· 95
꼬마야 불러놓고 ·············· 96
배동 뒤 무논에 금 간 ·············· 97
큰 산에 산불 났을 때 ·············· 98
텅-빈 독 배 부른체로 ·············· 99
낮잠 ·············· 100
달뜨는 동 ·············· 101

- 5부 소리와 그림 -

모내기 되도록이면 ·············· 104

소리와 그림이란	105
애	106
사람은 진실과 허울	107
새빨간 거짓말	108
미음은 왜 네모일까	109
희	110
옛날	111
홀소리 닿소리	112
남	113
안방에 아버지가	114
죄	115
떡	116
몰	117
말마오 힘껏 달리는	118
오늘은 가뭄끝 눈물	119
근글자 글 써놓은	120
빚지는 글이련가	121
입다시고 가게 하라	122
초록으로 지우다	123
어느새 말 따라 걷는	124
문장 끝-다	125

다섯 번째 시조집 출간을 축하드리며 ········ 126

- 1부 -

ㄱㄴㄷㄹㅁ

기역(ㄱ)

기역은 땅을 파는 괭이를 닮았으며
갈다의 자음으로 농사짓는 기본이라
닿소리 처음 글자로 자리매김 되었다

농부들 일하느라 구부린 옆모습을
또 한 번 닮은 기역 한 번 더 기억하라
굽을 곡 노래 부르며 알곡 생산 하였다

기역을 기윽이라 쓰지 않고 쓰는 기역
기역을 역으로 쓴 니은자 때문이라
'국' 글자 거꾸로 돌린 '논' 글자가 아니던가

오동지 육섣달에 내린 눈 비란말을
이왕에 말난김에 한 번 더 살펴보자
'눈' 글자 거꾸로 돌린 풍년 '곡'을 가꾸란다

우리들 하루 세 번 먹고사는 그말마저
순록이 먹은 이끼 돌려먹은 끼니라니
곰할매 기역오 미음 농사짓던 시작이라

니은(ㄴ)

기역을 역으로 돌린 니은은 낫을 닮고
사람이 앉아있는 옆모습을 또 닮았다
하늘땅 열매와 뿌리를 나누는 자음이라

일 년을 삼백육십오 날일로 나누어서
날마다 니은알로 농사짓는 농부들아
겨우내 논다는 논들 잠을 자는 잠시란다

농사란 그 말 역시 노력하는 동그라미
앉아서 쉬는 모양 노랫말을 이루었고
농번기 힘든 일할 때 어럴럴럴 상사듸야

일 년 내 공을 들여 농사짓는 알곡이라
노래를 함께 불러 가곡이라 이름하고
먹을 때 꼭꼭이란말 방방곡곡 나누란다

논글자 거꾸로 쓴 국글자 되었기로
국가의 '가'에다 리을받침 논을 '갈'고
'갈' 글자 늘여 쓴 '가을' 추미음 춤을 추다

디귿(ㄷ)

동굴의 측면도를 그린 듯 닮은 디귿
디귿을 디읃이라 쓰지 않는 깊은 뜻은
기역과 디귿을 합한 리을자가 됨이라

아직도 사는 집을 댁이라 이른 말도
사람들 가장 먼저 살던 곳 동굴에서
동굴의 디귿 자음인 말마디를 따왔다

돌 속에 뚫린 동굴 오래도록 살다 보니
돌보고 돌아오란 도로도 마찬가지
저-멀리 떠나 살다가 도로 돌아오란다

초승달 떠오른 뒤 날마다 다른 달로
한 달에 보름달은 하룻밤 뿐이라서
동이란 디귿오이응 온달 뜨는 그 말이라

맨 처음 초승달에 그믐달 끝을 맺는
달에서 몸기닮은 리을자 떼어내고
다음을 다시 이으란 문장끝-다 되었다

리을(ㄹ)

리을은 알몸이라 웅크린 모양일까
낱말 앞 서지 못한 항상 뒤 자리매김
몸기랑 왜 똑같을까 살펴볼 자음이라

근글자 글 써놓은 리을자랑 똑같아라
순알몸 부끄러움 웅크림만 알았더니
한평생 구부려 일한 부지런한 탓이었네

물에서 리을 떼고 없을 무 되었다가
물 수에 리을받침 취한 술 되었기로
농번기 힘든 일할 때 입술 새참 술 한잔

시옷은 옷을 입고 리을은 알몸이라
사람을 낱말 쓸 때 죽을 사 되기 쉬운
리을자 알몸 때문에 살아간 줄 알아라

흐르는 시냇물은 굽을 치는 리을자요
사람이 걷는 길도 굽으린 모양새라
물에서 리을 뗀 듯이 살던 사람 사라지다

미음(ㅁ)

미음은 먹다자음 입구랑 왜 똑같을까
입이란 이응자음 해처럼 동그란데
달미음 닮았다 하여 모진 마음 놓았다

마음은 볼 수 없는 음계라 이르지만
말로써 전해지는 눈을 감고 볼 수 있는
미음알 입으로 낳은 마음알이 아닌가

한자도 쓰다 보니 우리말이 되었을 터
'입' '구'는 입구라고 '비' '우'는 비우란다
차 한잔 참았다 마신 차다라는 그 말까지

미음자 입구 닮은 입모양만 아니더라
근글자 알몸리을 부지런히 심고 거둔
기역과 니은을 합한 먹다자음 미음이라

어머니 머기역은 먹는 말 되거니와
어미모 키워주신 돌아가신 다음까지
묘란말 묘하디 묘한 어미모가 둘이라

비읍 (ㅂ)

외눈목 둘로 나눈 쌍비읍 그 모양에
잠을 깬 눈을 뜨고 나누는 눈이랄까
새빨간 거짓말 망정 나눌 적 피 흘렸겠네

절반과 반절 두 배 분하다 분단 배꼽
모든 말 비읍자는 보다자음 말마디로
아닌 말 딱 하나 있는 팬 보리 '보' 글자요

돈 빌린 빚이 아닌 땅에 내린 비를 말한
비 내린 그다음을 비추란 빛이란다
한평생 빚만지다가 죽음으로 갚아라

부부란 쌍비읍을 반씩 보탠 사이라서
살면서 누구 하나 헤어지는 부분이라
뿌듯이 함께 살다가 분과 분일 뿐이다

아버지 벼와버는 무논에 벼를 가꾼
순알몸 리을받침 벌레벌 별이 되어
저-멀리 맑은 밤하늘 이슬처럼 반짝이다

시옷 (ㅅ)

시옷은 사람인과 어찌 그리 똑같을까
시옷은 옷을 입고 활보하는 모양새라
시읏이 아니다라고 시옷이라 하였겠네

사람을 줄인 말은 사람 사는 삶이 되고
살미음 먹다자음 기역니은 합한 글자
알곡을 농사지어서 먹고살 줄 앎이라

일이삼 미음 떼면 사람의 첫 글자요
사람의 미음받침 떼어낸 이응 달고
사랑은 저절로 가는 둥근 바퀴 아니더라

미음만 바꿔단다 영이 되는 사랑 아닌
노력을 많이 하여 마음사랑 깊어져야
'랑' 글자 외발자전거 사통팔달 잘 달린다

살다가 사라지는 단 한 번의 인생길을
언제나 서있고 싶어 '서서히'라 하였을까
천천히 해 넘어가는 산시옷을 바라보다

이응(ㅇ)

아기가 태어날 때 응아! 울린 첫울음을
닿소리 이름꼴로 이응이라 일렀을까
고향을 알 깨고 떠난 아리랑을 부른 듯이

이응을 이름 부른 또 다른 동그라미
해와 달 지구본은 볼수록 둥그런데
한자엔 동그라미가 왜 없는지 모르겠네

없는 말 중국이라 이응받침 달아주고
달아준 그 말마디 정답 같은 동그라미
말없이 그랬다 한들 보름달 뜬 듯하구나

알곡을 농사지어 먹을 줄 앎이라던
알이랑 닿소리가 합해진 낱말들을
농사꾼 농삿일 할 적 읽은 대로 말하리다

기역을 알과 함께 합해놓은 갈이란다
니은은 날이 되고 디귿은 달, 랄, 말, 발…
히읗은 할아버지 머니 하늘 거둘 알곡이라

지읒(ㅈ)

땅보다 먼저 생긴 사람은 맞는 말로
대기권 지구어깨 시옷 위에 금을 그은
지읒은 시옷 다음에 생겨난 글자란다

땅에서 난 먹거리 지금이라 생각하고
내린 비 거둔 알곡 먹고살던 옛사람들
밥 먹다 씹힌 돌마저 지금지금 하더란다

땅이란 당과당의 집만 지을 생각 말고
아직도 흙이란 말 흐린 하늘 희망이라
모내기 흙탕물치던 백옥 살결 잊지 마오

밝은 해 일러주는 땅지가 알지란다
질문도 지웃일에 논답변 벼니은이라
농사란 힘껏 지었다 되는대로 거두리라

지평선 평화란 말 땅에서 나온 듯이
시골이 엷어지면 나라건강 힘이들고
손발 끝 더 늦기 전에 피 잘 돌게 하소서

치읓(ㅊ)

지읒자 어깨 위에 하늘 높은 금을 긋고
두이에 시옷자음 하늘천과 같은 치읓
시옷을 처음 글 쓴 뒤 지읒 치읓 생겨났다

촛불은 하늘 향해 타오르는 위에 두고
꽃글자 고은 열매 떨어지란 아래쪽에
빛이란 비치읓으로 비가 내린 다음이라

서서히 서있는데 지는 해 서쪽으로
천천히 하늘나라 두 번 접어 가기 싫고
살수록 천만세 토록 더 살고플 뿐이다

일생을 살아가며 춤을 춘 적 몇 번이냐
마당글 이응을 뗀 알곡 먹는 마다라서
춤이란 가을추미음 풍년 마당 춤을 추다

봄춘에 가을 추라 춘추가 몇이라는
날마다 먹는 음식 하늘 내란 이치란다
이치를 어기고 살면 아니 되는 법치란다

키읔(ㅋ)

키읔은 칼도변과 너무나 똑같아라
칼이란 키읔알로 알 낳는 도구라서
저-멀리 구석기 시대 곡식 베던 돌칼일까

키란 칼 세워둠에 으모음 크라하니
나라를 지켜내신 충무공 아닌 바에
클 거에 미음받침한 검도의 예 닦으란다

기역은 기윽 아닌 키읔만 키읔이라
모양도 비슷하고 발음은 가까워도
부엌의 어키읔이란 어머니의 도구라서

큼직한 생선토막 식솔대로 알을 난 듯
묵은지 숭숭 썰어 이른 새벽 도막도막
아버지 새울음 밟아 벼가꾸러 갔단다

젊은이 나라 지킨 총칼을 들었을 때
한겨울 지난 마음 봄꽃처럼 부드럽게
물러나 살아가는 날 밑거름이 되어라

티읕(ㅌ)

텅! 텅! 텅! 쇠-드럼통 두드리는 터진소리
동굴을 닮은 디귿 터서 만든 티읕이라
탁-트인 창문을 열면 와락 안긴 아침 동산

맨 처음 사람들이 동굴에 살았을 적
동굴을 닮은 디귿 댁이라 일렀을까
텃밭에 디귿을 툭-터 집을 지은 주택이라

알 깨고 떠나가는 아리랑을 부르면서
고향 울 또 한번더 트고 나간 알이랄까
태어난 태라는 낱말 이모음뗀 타향이라

탈이란 티읕알로 무슨 알 낳는달까
본얼굴 가린 탓에 누군 줄 모르면서
양반들 잘못을 알려 탈이 나게 함이라

단단한 탄탄대로 어찌 가는 그 길일까
농사꾼 작으나마 우리 민족 나갈 걱정
통일-아 휴전선 툭-터 오고 가면 되련만

피읖 (ㅍ)

지평선 대기권에 금을 긋고 기둥세운
두 무릎 어깨사이 부동팔로 서있는 품
피읖은 지구 생명체 살아가는 공간이라

땅속에 알맞도록 씨앗 뿌린 그 깊이에
높다는 노피읖은 대기권 저- 윗쪽이라
그 자리 앉은 사람들 윗사람만 아니기를

팔이란 피읖알로 알곡을 거두란다
두 팔로 한아름씩 묶음도 묶어두고
사랑애 아이를 안은 어머님의 포근한 품

풀밭에 드르누워 하늘 보고 눈을 뜬다
풀이란 푸른빛에 하늘은 파아랗다
연한 풀 그림자 물든 아래하의 하늘일까

뜨는 해 그대론데 서있는 나는 가네
이모음 세워두고 그래도 못 막는 세월
머물고 싶다는 피읖 피할 수가 없구나

히읗(ㅎ)

하늘은 두 겹이라 두이 밑 동그라미
대기권 지구어깨 끝이 없는 우주란다
하늘은 히읗 자음에 하늘천의 치읓이라

하늘과 하늘천이 같은 듯 다른 말은
죽은 뒤 다음 세상 혼이 가는 천국이요
위성을 타고 간대도 끝이 없는 하늘이라

해 뜨는 동이 아닌 달뜨는 동이란다
하늘해 붙박이라 하이모음 말마디에
달이란 디귿알이라 동굴에서 나온 알

바람에 날린 탓을 구름이 흐른다네
산비탈 비가 내린 흘러내린 냇물이라
서있는 이모음 세월 우리 모두 흘러간다

싫다는 하늘나라 한 번은 꼭 갈 곳이니
한평생 옳다는 말 살아생전 물론이요
올히읗 하늘 오른 뒤 남들에게 들어라

- 2부 -
질문과 답변

흔쾌히 함께 한다면

진흙 속 작은 조각 물살에 떠밀려 올려
초승달 모래밭을 오랜 세월 쌓아두니
갯마을 솔숲을 둘러 큰바람을 막아주다

이토록 살아남은 모래밭 소농이라
유산을 현행법에 따라서 나눈다면
살다가 리을 뗀 듯이 시골마을 사라진다

너희들 이남이녀 금쪽같은 사남매야
어버이 사후라도 유산상속 생각 말고
나누면 다음은 없다 하지 말자 그러자

스스로 짓겠다는 누구라도 밀어주고
타향에 힘껏 살아 반갑게 오가면서
흔쾌히 함께 한다면 가족농이 되어라

곰과 웅

종일을 비가 내려 오늘하루 들일 비운
곰과 웅 곰웅이라 바꿔 부른 환웅일까
모양글 그 뜻을 풀어 곰곰히 살펴보다

고미음 기역으로 씨앗 뿌려 움터 오른
우이응 비가내려 물이고인 웅덩이라
이 둘이 뜻을 합하여 풍년농사 이루다

곰할매 환웅이랑 오랜 전설 그렇잖소
유목민 시절 접고 한반도 내려와서
맨 처음 농사짓기를 시작했던 그 말이라

서울 떠난 아리랑

알 깨고 떠나가는 아픔을 노래하다
태어난 고향 마을 또 한 번 울을 깨고
아리랑 부르며 모인 서울 사람 못자리라

못자리 그냥 두면 알곡 생산 없을텐데
텅-빈 땅 팔도강산 모내기를 서두르오
하지날 마냥 넘기면 가을알곡 쭉정이라

사람들 춤을 추고 노래를 부른다는
춤이란 가을추에 먹다자음 미음이라
부른 듯 돌아오소서 서울 떠난 아리랑

돌

대문을 달지 않고 큰 돌 둘을 놓았더니
묵직한 그 말소리 울림을 들었을까
빈집이 늘어만 간다 텅-빈 동네 걱정이라

대학을 나왔으니 회사에 다니면서
농삿일 흙 안묻힌 잘살라고 보냈더니
돌보고 돌아왔을까 아들 둘이 돌아왔네

어쩌면 동구밖에 크고 작은 바윗돌들
간척지 제방공사 끝날즈음 없어졌던
석산에 다시 실어다 세워두면 싶어라

어떤 색깔론

이른 봄 강남 갔던 제비가 돌아왔다
처마밑 제비 뽑기 당첨이 되었을까
한쌍만 집짓고 살던 다른 애들 어디 갔나

농번기 잠을 깨운 이른 새벽 지지배배
사람들아 일어나 어서어서 벼를 심소
새 기역 황량한 들녘 푸른색을 칠하다

쟁기질 논을 가는 여야의 갈등 같은
써레질 흙탕물 친 모를 심어 출렁이던
긴-가을 새울음 물든 황금색갈 눈물 난다

달생애 키우며 살다

다음은 초하루요 다시는 초이튿날
초승달 붉은 노을 쪼갠 반달 달콤하고
보름달 그믐날 되어 리을몸 뗀 문장끝-다

배달된 달민족의 우리나라 사람들아
그믐달 하루 지난 인구 좀 줄었기로
입방정 떨지들 마오 다음 다시 새달 뜬다

하룻밤 둥그렇다 자만들 하지 말며
한평생 살다 보면 사랑애 낳은 아이
달생애 키우며 살다 보름달 연 띄우리라

살수록 와닿는 말씀

시 쓰는 사람들을 셋으로 나눈다는
머리와 가슴으로 대부분 둘이지만
어쩌다 발로쓴 사람 당신 만나 반갑다던

오선생 소문처럼 어찌 그리 빨리 갔소
장수는 아닐지나 저는 아직 살아있어
살수록 와닿는 말씀 만나 뵌 듯합니다

ㄱㄴㄷㄹㅁ

기역은 윽이 아닌 바뀔 역 니은이요
으모음 아래 놓은 니은자 디귿이니
기역과 디귿을 합한 리을자가 됨이라

근글자 글 써놓은 리을자랑 똑같아라
기역을 씨앗 뿌려 니은낫 거두어서
기역과 니은을 합한 먹다자음 미음이라

더하기 덜기

물에서 리을 떼고 없을 무 되었기로
살다가 모든 사람 리을 떼고 사라지던
덜다는 오히려 달고 더하기는 왜 없을까

흉년에 논 한베미 없는 돈 사지 말고
식솔들 여럿 중에 입하나를 덜라 하신
어린 딸 시집 날짜를 당겨 보낸 탓이라

질문과 답변

지읒일 미음운에 지읒은 땅지자음
미음은 먹다자음 운이란 구름이라
궁글자 거꾸로 돌려 알맞게 비 내린 운

이른 봄 논을 갈고 모를낸 농사꾼들
논답에 벼니은한 황금빛 가을 들판
올가을 얼마 거둘까 평생토록 묻는 답변

- 3부 -
한글과 농사일 함께

새벽

새란말 사이모음 새벽의 말마디라
사람들 어서어서 일어나 벼를 심소
새기역 황량한 들녘 푸른색을 칠하다

잘

빠르게 먼저 가야 잘 가는 게 아니란다
잘이란 지읒알로 땅에서 나온 알곡
차 타고 먼저 달린다 가을 먼저 하리요

하루

하늘이 고맙게도 오늘을 허락하여
고맙단 이 말마디 곰할매 후손으로
리을우 논밭에 내린 오늘 하루 몸비였오

닿다와 다다르다

보름밤 둥근달이 서쪽 끝에 닿음이고
그믐달 빛을 다한 다음 다시 다다르니
다음은 초하룻날 밤 이튿날은 다시란다

한글과 농사일 함께

지을작 작은 것이 소중하고 위대하다
옛날에 농사짓던 소하고 비우이라
이토록 한글과 농사 생긴 모양 밀접하다

속

산속에 사는 이가 날 보고 속세라네
시옷오 기역으로 다리사이 눈 속이며
남녀간 속사랑 태워 탄생하던 그 말이라

랑

사랑은 랑이란다 외발 자전거 타고가는
리을앙 앙이라서 양글자 절반이라
알 깨고 아리 아리랑 멀리멀리 떠나가네

낱말 지평선

지읒은 땅지자음 지평선이 왜 없을까
두 눈을 뜨고 봐도 눈에 없는 비읍처럼
아랫쪽 지평선 피읖 살펴보면 알리라

사람도 전답 같아서

자녀가 몇이냐고 아들딸 둘둘인데
절반만 결혼하고 아직 절반 그대로라
사람도 전답 같아서 때가 되면 가꾼단다

반 듯 필 피리을은

반 듯 필 피리을은 피흘려야 되는걸까
피어난 고은 꽃잎 떨어져야 열매 맺고
큰 울음 탯줄 끊은 뒤 탄생하던 생명이라

살면서 다 흘려버린

산비탈 내린 빗물 흐르는 강물 되고
모르고 스며들어 솟아오른 샘물처럼
살면서 다 흘려버린 스며두고 살아라

믿음

미음은 먹다자음 입구랑 영락없고
이모음 세워둔 곳 동굴 닮은 디귿 댁에
확실한 벼화에 기역 수확해 둔 믿음이라

수염

산시옷 우모음은 소리 없는 웃음 폭포
엄과엄 염이라서 어흠소리 가끔 하고
이따금 보고픈 손주 손잡은 듯 쓰다듬다

여행

여행은 어디 어디 둘러본 동그라미
하룬들 집을 떠난 나그네 되었다가
돌하나 서있는 고향 그네 타고 돌아오다

하다

일하다 생각하니 하다란 그렇구나
그믐달 리을 떼고 문장 끝 다가되어
초승달 일주기 마친 하늘 끝에 닿음이라

늦은 밤 글움을 터서

오전에 시 한 수를 간간히 읽어보고
시시한 말 씨앗을 심중에 머금어 둔
늦은 밤 글움을 터서 꽃핀 듯이 환해라

하하하 웃고 지난

하하하 웃고 지난 오늘 해 넘어가고
내일은 오늘 되어 또 하루 시작되어
늘늘이 다가오는 날 어디까지 읽어갈까

비밀

비밀을 모양글로 어디 한번 풀어보니
첫 글자 비내림에 먹다자음 미음일로
알맞게 비 잘 내려서 거둘 알곡 얼마일꼬

- 나부 -
지을 작 작은 것이
소중하고 위대하다

하늘천 치읓자음

치읓은 두이모음 시옷자음 더했구요
하늘천 두이에다 사람인을 합했으니
하늘천 치읓 자음은 글모양이 똑같아라

가을

가을을 가을이라 그냥 쓰는 말이지만
가을을 줄인 낱말 쟁기질한 갈다란다
이른 봄 논밭을 갈고 늘인 말로 거둔 가을

매미울음

마을 앞 정자나무 그늘밑 매미울음
삼장을 격에 맞춰 시조 한수 따라 내린
젊은 날 낮잠 한숨 뒤 소변보듯 하여라

달처럼 퉁퉁 부른 젖

살면서 괴로울 때 누군가가 달래줄 듯
엄마가 집에 와서 우는 아기 품에 안고
달처럼 퉁퉁 부른 젖 달랜 울음 뚝 그치다

오히려 옥이 둘이면

소리를 지르려다 가만히 생각하니
욕이란 둘로 나눈 옥이되니 그 말이라
오히려 옥이 둘이면 욕이 됨을 염려하라

쾌청한 한창 젊은 날

빈이란 비 내리는 겨울 들녘 떠올리고
둥이란 어화둥둥 노랫가락 북소리라
쾌청한 한창 젊은 날 빈둥 대며 살고 플가

돌과 도르래

도르래 도르란 말 줄여쓰면 돌이되니
아리랑 아리아리 알깨고 떠난이여
동구밖 서있는 큰 돌 줄 당긴 듯 돌아오라

당신 참 부를수록

당신 참 부를수록 뿌듯하고 고은 이름
다 이응 둥근달이 당당하게 떠오른 밤
신이란 시인을 줄인 시미음을 머금었네

비읍오 까스락 없앤

보리란 보 글자는 팬보리 그림 같네
찻독에 긁힌 가슴 어머님의 보릿고개
비읍오 까스락 없앤 어미모를 읽어라

여유란

여유란 여행 가는 한가로움 아니었네
어둔 밤 어와어에 우우 내린 비날들은
농번기 그 와중에도 빈틈으로 찾아드네

말이란 언중유골

욕이란 옥과옥이 둘이긴 하오마는
말이란 언중유골 바둑판 돌 놓듯 하여
여야가 남북이 된 듯 막말 세워 마시오

읽글자 일기역이니

다 지난 까만 날들 어제를 읽어보니
처음엔 남의 책을 삼분의 일쯤이나
읽글자 일기역이니 제 발로 쓴 삼분의 이

빚

애초에 빌리다는 비읍일 아니더냐
씨앗을 묻어두고 두 손 비벼 내린 비라
비지읒 한평생 빌린 죽음으로 갚아라

궂은날 좋은 날은

궂은날 좋은 날은 그말이 그 말이라
기역우 지읒이란 씨앗 뿌린 비내림에
지읒오 움트는 새싹 하늘 향해 자란다

인구도 눈썹 초승달

그믐이 지난날밤 깜깜하다 법석이네
초하루 다음 지난 이튿날밤 다시라는
인구도 눈썹 초승달 초삿날밤 돋는다

마지막 목관 속 홀로

나무란 나는 없다 그래도 심어야지
벤나무 그보다는 심은 나무 더 많아야
마지막 목관 속 홀로 편히 잠들 테니까

여피읖 밀어 올리는

소몰아 땅을 가는 쟁깃밥은 옆으로 라
오가며 두둑 짓고 고구마 순을 묻어
여피읖 밀어 올리는 너랑 나랑 갈등같다

입술 새참 술 한잔

물수자 리을 달면 취하는 술이란다
온 동네 술맛 좋다 침이 마른 아낙네야
쟁기질 갈등 술술술 입술 새참 술 한잔

아무도 짓지 않는다

쌀농사 짓는이가 진짜로 농부란다
특별한 작물 가꿔 돈 많이 번다지만
아무도 짓지 않는다 생각만도 무섭다

짐

아버지 짐 저 나른 온 가족 식량이라
짐이라 칭하시는 만백성 짊어지고
지미음 땅에서 밖에 날수 없는 먹거리

우월은 달월이라

우월은 달월이라 월등한 둥근 달빛
비 오는 한낮이랑 얼추 같은 훤한 상상
밤낮을 모르고 달린 쏜 살 같은 세월이여

먼-옛날 유목민 시절

빵이란 어찌하여 방방한 빵이랄까
한옥은 네모난방 둥그런 이응 달고
먼-옛날 유목민 시절 옮겨 살던 방이였나

꼬마야 불러놓고

꼬마야 불러놓고 곰곰이 생각하니
사천 년 긴긴 세월 아직도 변함없이
곰할매 고맙습니다 말마디를 전하다

배동 뒤 무논에 금 간

지는 해 고운노을 구름아 서운하고
초승달 은빛 눈썹 나눈 말 섭섭하다
배동 뒤 무논에 금 간 언제쯤 비 내릴꼬

큰 산에 산불 났을 때

바람이 불어오다 부른 이름 불이랄까
불이란 비읍울로 비를 내릴 징조란다
큰 산에 불이 났을 때 덩달아 비 내림이라

텅-빈 독 배 부른체로

독은 왜 독하달까 어머니 가슴앓이
바가지 드륵 드륵 새벽 양식 다 떨어진
텅-빈 독 배 부른체로 독한마음 가득찼네

낮잠

나지읒 낮은 낮잠 어디서 자는 걸까
농번기 점심 먹고 논두렁 베고 누워
꿀 같은 낮잠 한숨 뒤 종일토록 일하잔다

달뜨는 동

해 뜨는 동이 아닌 달뜨는 동이란다
단 한 번 매달 보름 동그라미 정답처럼
달과 동 한 자음인데 하늘해는 붙박이라

- 5부 -
소리와 그림

모내기 되도록이면

말장난 이랄까 싶어 망설이다 드립니다
모내기 되도록이면 하지 넘지 말라시던
하지마 하지마란다 가을알곡 쭉정이라

소리와 그림이란

소리와 그림이란 한 형제 자매 일까
이리야 저리야로 소리치며 논을 갈고
써레질 물감을 풀어 색을 칠한 모내기라

애

애란말 간이 아닌 아이를 줄임말로
사랑애 결혼하여 임신과 출산이라
그만한 죽을힘 다한 애를 태운 또 있을까

사람은 진실과 허울

리을은 발가벗은 알몸이라 웅크리고
시옷은 옷을 입은 큰 발걸음 활보하니
사람은 진실과 허울 어울리며 살아야

새빨간 거짓말

비읍은 보는 자음 외눈목을 나누었다
나눈 눈 그랬겠네 두 눈동자 예쁘잖니
나눌 적 거짓말 망정 새빨간 피 흘렸겠네

미음은 왜 네모일까

입이란 둥그런데 미음은 왜 네모일까
근글자 부지런히 기역니은 심고 거둔
먹거리 기역니은을 합해 놓은 미음자라

희

아들딸 여럿 낳아 키울 적에 너희들아
흐린 날 희망처럼 씨앗 뿌린 비를 바랜
맨 처음 말 생길 적에 간절함을 머금었네

옛날

옛이란 여이시옷 날이란 나라 준말
여피읖 옆에 살던 여인네 품속 같은
예 하고 긍정한 답변 모계사회 말마딜세

홀소리 닿소리

홀소리 값이 없는 해처럼 둥근 이응
닿소리 자음들은 모음 없인 말 못하고
다히울 햇살 받은 달 하늘 끝에 닿음이라

남

넘아닌 남이란다 나미음 왜 남이랄까
뭘 그리 따진다요 그냥 넘어 가지않고
죽은 뒤 나를 맘먹은 그 사람들 이름이라

안방에 아버지가

안방에 아버지가 헛기침 어흠 하신
안 글자 늘임 말로 아니라 그런 듯이
아이들 장난친 소리 잠잔 듯이 조용하다

죄

차례상 정성스레 조밥 지어 올린 제사
조상님 앞에 서니 죄송한 맘 조이모음
오늘날 지난 일 잊고 법을 범한 죄라 하네

멱

이 세상 사람 생명 며느리들 낳았는데
돼지를 도살할 적 멱따는 소리란다
며기역 시부모 상여 뒤따르는 곡소리

몰

모른단 말마디가 어미몬 줄 몰랐었네
일몰도 하룻밤을 숨었다 다시 솟는
모리을 어미닭 품속 몰래 숨은 병아리 떼

말마오 힘껏 달리는

말 타고 급히 전한 말 때문에 생겼을까
우리글 말이라던 한자음 마 아닌가
말마오 힘껏 달리는 말등에서 말이오

오늘은 가뭄끝 눈물

웃음과 울음이란 왜 모음이 꼭 같을까
비와우 함께 일러 들일 하루 비우라던
오늘은 가뭄 끝 눈물 비웃음을 웃는다

근글자 글 써놓은

근글자 글 써놓은 리을자랑 똑같아라
순알몸 부끄러움 웅크림만 알았더니
애를 써 구부려 일한 부지런한 탓이었네

빚지는 글이련가

쓸수록 불어나는 빚지는 글이련가
비지웆 빌린 비로 지을수록 빚진 농사
칠순을 한 고개 넘어 주는 글을 받아쓰다

입다시고 가게 하라

내 집에 잠깐 들러 돌아가는 모든 이들
찬물로 인살 망정 입다시고 가게 하라
다시는 다음 지나고 새로 돋은 초승달

초록으로 지우다

이름을 잘 못썼다 지운다는 지우다는
땅지에 비우 내린 봄날아침 풍경처럼
황량한 겨울 빈- 들녘 초록으로 지우다

어느새 말 따라 걷는

사는 곳 어딜 향해 가다가 돌아보니
어릴 적 고향집이 어서 오라 손짓하네
어느새 말 따라 걷는 노을 밟힌 어모음길

문장 끝-다

다댜더뎌 첫마디가 문장 끝-다 되었다
초승달 반달 보름 날마다 다른 달로
그믐달 리을몸 떼고 다음 다시 이으란다

| 축사 |

다섯 번째 시조집 출간을 축하드리며

(문학 춘하추동 발행인, 시조시인) 고현숙

    이광호 시인의 다섯 번째 시조집이다.
    늘, 살펴보고 "왜 그럴까"로 시작하는 시인이다. 우리의 한글에서, 농사짓는 농기구에서 모든 것을 연계해서 살피고 생각하는 시인이다.

    시조문학 편집장 시절,
    시인에게서 받은 작품은 참으로 생소했었다. 그러나 여운은 길게 내 마음속에 남아있었다.
    그때부터 인연을 함께하며 시인의 작품을 더 가까이 이해하고 마음에 담았던 것 같다.

    오랜 세월 연구하고 마음에 스며드는 생각을 정리하는 시인에게 박수를 보내고 싶었다. 종합 문예 계간지『문학 춘하추동』에서 드린 문학 대상은 당당하고 뿌듯하였다.
    스펙과 조금은 알려진 이름 석 자에 상을 주고 떠든다. 혹자는 왜 그렇게 하지 않았느냐고 직접적으로 말한다.

그러나 나의 생각은 달랐다.

35년 세월 오롯이 ㄱ에서부터 ㅎ까지…

일상에서 느끼는 것들과 접목하여 우리의 시·시조로 일맥상통하여 창작의 시간을 갖는다는 것에 큰 점수를 드렸다. 그리고 그 결과물을 좀 더 깊이 읊어보다 보면 어려운 해석을 요 할 때가 많지만 그래도 진정한 시인의 마음이 읽혀질 때가 있기 때문이다.

시조의 장과 구와 음보를 지키며 누구도 다가서지 못하는 생각의 세상 속을 들여다보고 느끼는 이광호 시인에게 오랜 세월의 노고에 존경의 마음을 숨길 수가 없다.

춘하추동 위원회의 마음이 하나가 되었고 이광호 시인에게 대상을 수여하였다. 정말 값진 시상이었음에 본지는 당연하지만, 시인에게도 영광스러운 순간임을 영원히 기억하길 바라고 싶다.

앞으로도 끊임없이 더 큰 작품을 발표하시길 바라며 우리의 시·시조가 더 많이 세상에 알려지고 많은 국민들이 시조를 배우게 되는 그날까지 창작에 혼을 담으시길 바랍니다.

다섯 번째 시조집 『ㄱㄴㄷㄹㅁ』 상재하심을 진심으로 축하드립니다.

ㄱㄴㄷㄹㅁ

지은이 | 이광호
펴낸이 | 고현숙
펴낸곳 | 문학 **춘하추동**
초판 인쇄 | 2024년 9월 6일
초판 발행 | 2024년 9월 13일
등 록 | 2023년 7월 19일, 제 2023-000001호
주 소 | 52319 경상남도 하동군 횡천면 경서대로 1140(2층)
전 화 | 055-884-5407, 010-3013-2223
e-mail | munhakcnsgce@hanmail.net
ISBN 979-11-985568-5-1
ⓒ 2024, 이광호

* 책값은 뒤표지에 있습니다.
* 잘못 만들어진 책은 구입하신 서점에서 교환해 드립니다.